U0144958

三四五年級的台灣

徐宗懋圖文館編撰

熟悉臉龐的時代聯想

大約４年前，台灣YAHOO網上開始有老照片的出售，雖然價格不算貴，但買的人並不多，主要是台灣社會收藏老照片的風氣尚未成形。儘管如此，我個人一直喜歡收藏老照片，用老照片來寫文章。大多時候，不管喜不喜歡，就先買下來再說。

當時，我看見一家老照片賣場將照片分類，如「宗教」、「結婚」、「體育」、「自行車」、「銅像」等等，一包包出售。我覺得很有味道，也頗具創意，因為裡面都是我成長時期熟悉的影像，或者說我自己也經歷的，甚至我和家人也拍過類似的相片。於是，我靈機一動，約了賣場的主人柯瑞明先生面談，決定把他手中的這類老照片全部買下來。對他和我來說，都是省事之舉。

接著一有空時，我開始慢慢欣賞這些照片。這裡稍微說明為何這些照片會流到YAHOO網上，首先，他們都不是專業攝影師的作品，而是一般人拿相機拍的普通紀念照，譬如去旅遊、當兵、單位活動、出國等等時候拍的紀念照片。拍完拿底片到相館沖洗，其中較好的多洗幾張，送給照片裡的親友。至於自己的那一張，就小心翼

翼地貼進相簿裡。這是那個年代欣賞照片和保存照片的基本方式，沒有電腦、光碟或隨身碟，而是每家每戶都有幾本相簿。裡面貼的照片內容，紀錄著幾乎從小到大的種種場景。至於為什麼後來不保留了？原因殊異，有的是搬新房子，舊東西不要了；甚至老人家過世了，下一代沒興趣。文物商販來撿東西，把老相簿當廢紙堆一般買下來，再分門別類，放在古董商店，賣給固定的收藏者，或者貼在網上銷售。

看著這些老照片，我不禁幾分感傷。照片的主人初次拿到照片時，必然是一看再看，興奮不已，因為它們是自己某種快樂時光的紀錄；然而許多年後的某一刻，這些曾有的快樂紀錄，竟像垃圾般地被丟棄。是否有一天我自己的照片也會被孩子們清除？是否這種事情正代表了生命的虛幻無常。此時，我忽然萌生一個念頭，應該把這些普通的民間老照片編輯成一本照片書，雖然是一群陌生人的影像，但大多數的人都曾站在類似的場景，做著雷同的事，擺出一樣的姿態，笑嘻嘻地對著相機鏡頭。這意味著，大家有著相近的生活經歷，共享著時代的感情。照片裡的時期，橫跨今天所稱的 3、4、5 年級的成長環境，有三十年左右的跨度。簡單說，這是一本 3、4、5 年級成長時期的台灣。這樣一本的老相簿應該留下來。

有此構想後，我便開始著手編輯和撰稿工作，書的內容大致完成時，卻被其他轉移了我的工作重心，只有把資料擺在一旁。沒想到這一放就是 4 年的光景，其間我一直忙著在大陸出版近代中國的影像書。直到今年我部份的工作，又轉回台灣社會影像的編著，才又想到把它拿出來，修改一番，同時補充上新的章節內容，終於完成了編輯工作。

總的來說，這本書的內容非常平凡，無誇張的戲情，無撼人的內容，連照片也顯得昏黃，它只是絕大多數人都拍過的照片，是如此地真實，毫不虛飾；然而正是這種平凡和真實，帶給了我們極大的情感共鳴。那些照片會讓我們一看再看，發出會心的微笑，連想到自己，連想到家人，以及連想到許許多多熟悉的臉龐。

 民國100年初冬寫於台北

目 錄

從日據到台灣光復

　　日據時代末期的台灣，處於歷史轉折。原本統治趨於鞏固的日本殖民政府，在短短不到四年的太平洋戰爭中，變得搖搖欲墜。表面上，日本同化政策雷厲風行，台灣百姓被誘引改日本姓氏，穿日本服飾，行日本禮俗，變得更日本化；實際上，戰爭帶來嚴重物短缺衝擊著基本生活，有關日本在各地戰敗的消息在民間盛傳著。直到1945年8月15日，日本無條件投降的事實由天皇親口證實。

　　光復後的台灣享有短暫的安定和平，不過旋又陷入中國的內戰，動盪不安，直到民國38年（1950年）中華民國遷台，韓戰爆發，國際大勢趨於有利，台灣始轉危為安，並進入長期和平建設。這歷史轉折的十年間，民間生活照片反映了時代的變化，在服飾和打扮方面尤為明顯。

漢服和和服的混合

日據時代，一個台灣家庭的結婚合影。長輩穿漢服，新郎新娘著
西式禮服，孫女穿日式和服，三代的穿戴有著歷史變化的痕跡。
帝國主義侵略中國，造成殖民地現象，殖民地人民的心理傷痕也
亦為中國近代史的重要一頁。

富裕家族的婚禮

日據時代，一個台灣富裕家庭的結婚合
影。日本殖民統治留下複雜的恩怨情
仇。富裕家庭通常與殖民當局有一定的
關係，他們透過日本學習現代文明，另
一方面又深受傳統漢文化的影響。

台北帝大醫學部的實驗室

日據時期，台北帝國大學醫學部的學
生，由於日本殖民當局限制台灣學生學
習政治與法律，鼓舞他們學習醫科，因
此台灣年輕菁英多集中在醫科。（羅大
佑提供）

台灣最優秀的學生

日據時期，台北帝國大學校園，這裡是全台灣最好的大學，也就是今天的台灣大學，這是醫學部學生在校園裡合影的情景。日據時代，台大的位置趨於郊外，現在則是台北的文教區。（羅大佑提供）

菁英中的菁英

日據時代，台北帝大醫學部的學生正在下圍棋。他們被視為台灣菁英中的菁英，光復後該部一些的學生參加了中共，台大也是歷次學生運動的大本營，培養出許多政治領導人才。（羅大佑提供）

受現代訓練的女護士

日據時代，台北帝大醫學部附屬醫院護士。光復後，台大醫院以其優良的醫學研究傳統，現代化的醫療設備，被視為台灣最進步的醫院。（羅大佑提供）

台電技術人員

光復後，由大陸籍事務官僚掌管的台灣電力公司，前排左四的孫
運璿後來成為台灣現代科技企業的奠基人。日本人曾宣稱殖民當
局撤走後，台灣的基礎工業將陷入癱瘓狀態，一些優秀的大陸籍
技術人員證明了此話純為誑言。

臺中縣警察局第二課全體同仁留影
民國三十五年十月十九日

14

台中縣警察同仁

民國35年，台中縣警察局第二課全體同仁留影照片。日據時代警察多由日本人擔任，台灣光復以後，警察改由本地人出任。許多青年人參加了警察工作，警察隊伍的服飾和精神容貌，有著巨大的改變。

補充兵受訓

光復後，受到國共內戰衝擊以及台海對峙的長期化，本省青年男子受徵召入伍，此為接受補充兵訓練的台灣男子。許多人受完訓後即被送往金門和馬祖外島，進入實戰狀態。

台鐵男女員工

民國37年，台灣鐵路管理局的男女員工合影，穿中山裝和旗袍的身影無形中正在增加。台灣光復後，原本由日本人掌管的基礎設施轉由中國人管理，台灣鐵路管理局是其中重要的公家單位。

應召入伍的全家福紀念

1955年，一個台灣本省青年應召入伍的全家福紀念照，婦女兒童的穿著仍有日本現代服裝的影子，但純粹的和服已沒有人再穿在身上。

中山堂光復廳的體面婚禮

民國50年代，台北中山堂光復廳的
婚宴，兩家人拍攝了漂亮的合影照
片。光復廳是著名的婚宴餐廳，許多
台北名人的婚禮都在這裡舉行。有意
在這裡舉辦婚禮的家庭，需要排隊登
記，或者透過特殊的關係，才能訂到
席位。以致於在中山堂光復廳舉辦婚
禮，被當成很時髦、很體面的事情。

光復後新生兒的來臨

　　民國38年（1949年）後，儘管海峽硝煙未熄，但總的來說，台灣百姓的生活終於穩定下來，社會休養生息，大批的嬰兒降臨世間，他們天真無邪的容貌象徵著新時代的希望。這段時期，一般家庭尚未具備優生觀念，因此子女眾多的現象仍十分普遍，加上大人忙著工作，因此常見孩子們滿街亂跑。儘管社會物質條件匱乏，但人心也較為單純，很少有誘拐傷害兒童的事件。50年代出生的兒童在新的環境成長，他們眼中看見的世界與他們的前輩有所不同，唯一不變的是孩子們那種很容易滿足的單純。

榻榻米上爬行的幼兒

民國40年代，一名幼兒在「榻榻米」上爬行，這是日本房子，內部的裝飾與隔間是日本式的，連孩子也還穿著日式的睡袍。光復後，日本生活文化的痕跡大約還持續了20年，直到70年代後城市建築大量更新後，才逐漸消失。

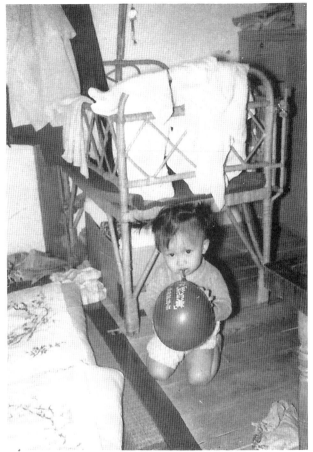

塞滿東西的房間

民國40年代，剛學會走路的小女孩吹
著氣球，日本式的房子一家都睡在地
上的「榻榻米」。當時一般人的房間
都比較小，衣物、東西常塞滿房間。

精明的小女孩

民國40年代，坐在床褥上的小女孩，
一臉精明模樣。

小姐弟

民國40年代，等著大人餵食的姐弟。住在日本式房子的並非只有本省同胞，日本人撤走後，當局將許多空房子分配給大陸籍軍眷居住，通常一棟房子擠了好幾家，因此許多大陸軍眷的第二代也有在日本房子居住的體驗。

剪著短髮的妹妹

民國40年代，兩個哥哥帶著小妹妹，孩子們頭髮都理得很短。當時一般家庭都生四、五個孩子，治安也較好，所以大街小巷都會看見一大群小孩子東奔西跑。

黃金童年

民國40年代，在外面亂跑的孩子享受著黃金童年。由於大人任由兒童在外面玩耍，孩子們也就自己發展出很多種遊戲，物質上雖然貧乏，但精神上很滿足。

台北兒童樂園的旋轉杯

民國40年代，台北兒童樂園的旋轉杯子受到孩子們的歡迎，那個時候電動遊樂場非常少。孩子們一坐旋轉杯子，既新奇又興奮，大人會替他們照相，許多人的童年都留有類似的相片。

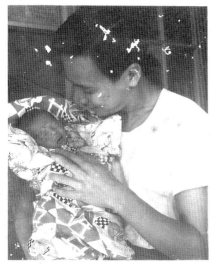

心疼地看著孩子

民國40年代，快樂的母親看著仍未睜眼的嬰兒，未來是難得穩定和平的日子。當時母親幾乎都是用母乳哺乳，不過醫療條件尚未充份現代化，所以嬰兒罹患各種疾病的機率較高。

早期的軍眷村

民國40年代，小男孩開心地騎著木馬，後方是軍眷宿舍，許多大陸籍軍眷都住在這種單位的宿舍。

媽媽帶著小兒妹

民國40年代，媽媽逗著妹妹。這是清貧的年代，但孩子們卻無憂無慮。通常一個院落擠上好幾家人，小孩子多，到處都會聽到孩子們的吵鬧聲。

陽明山公園的童顏

民國40年代，姐姐們拉著小弟弟，露出開心的笑容，爸媽把他
們打扮得好好的，假日帶出去玩。這一家家境較好，有休閒娛樂
的活動，照片的地點是台北近郊的陽明山公園。

國小遠足的合影

民國40年代，國小遠足，老師坐在中間帶著大家合影。他們乾淨整齊的穿著以及站坐有方的情況，反映出學校對生活教育有很高的要求。

不情願地拉著手

民國40年代，過年時鄰居們相互拜年，小朋友們穿上新裝，在大人慫恿之下，小女孩不情願地拉起小男孩的手。

兒童節同樂會

民國40年代，兒童節同樂會，女孩們表演舞蹈。兒童們是在學校大禮堂表演唱歌和跳舞，學校還會發糖果餅乾給小朋友。

假日的小學校園

民國40年代，在小學裡玩耍的小女孩。假日時，學校成為一般人休閒的公園。照片中是50年代台灣小學校園的典型風貌，延續著日據時期的樣子。

國小的老式房子

民國40年代，假日回到學校玩耍的小學生，60年代後許多中小學校的舊教室拆除，蓋了新大樓，照片中的學校舊房子今天已不復見。

日據時代的教室

民國40年代，一所國小學生集合，每一個人身上都穿著圍兜。教室的建築為日據時代延續的木造房子。

國小的朝會

民國40年代，光復初期的國民小學的朝會儀式，無論校舍、學生制服、帽子以及教學風格有著濃厚的日據時代的影子。

小姐姐開小汽車

民國50年代，台北兒童樂園，一對姐弟坐著小汽車。擔任駕駛的小姐姐既緊張又興奮，家長站在欄杆外，開心的看著這一幕，同時也為小姐弟留下珍貴的童年照片。

登高的神氣

民國50年代，到兒童樂園玩耍的女孩，流露出登高的神氣。這種方格形的鐵欄杆是學校和公園常見的體育設施，甚至到了今天還是如此。

稱兄道弟

民國50年代，在兒童樂園玩耍的兩個小男孩，表現稱兄道弟的男性本色。

摩登的母親

民國50年代，抱著幼兒外出的母親，穿著打扮仍有時髦女人的風姿。這種打扮其實是1930年代的延續，也是受到西方時尚的影響，一直到民國60年代才更換造型。

軍眷村裡的大哥抱著小妹

民國50年代，軍眷村的年長大哥抱著小妹。照片中的眷村位於鄉下地區，家家戶戶有小院子，栽種樹木，圍上竹籬笆，所以「竹籬笆」有時也是眷村的代名詞。

爸媽帶著五個孩子出遊

民國50年代，爸媽假日帶著五個孩子出來，爸爸替大家拍一張照片，從穿著和容貌看，這是大陸來台的家庭。

台北新公園的假日時光

民國50年代，爸媽假日帶一家人到台北新公園散步，兩個男孩忙著吃零食，一時顧不了照相。新公園建於日據時代，位於台北市中心，由於風景優美，充滿南洋風情，又靠近商店街，很多人假日逛完街後喜歡順便走進這座公園。

穿棉襖的小女孩

民國60年代，走在中學校園的小女
孩，深色的棉襖有著濃厚的中國風
味。一股時尚的中國風悄悄吹起，童
裝的款式最早反映出來。

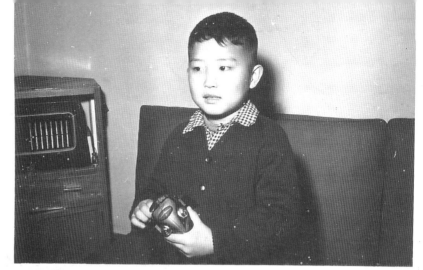

客廳裡的電晶體收音機

民國50年代，拿著玩具車的小男孩，這是當時家境較好的孩子。一般人買不起玩具車，客廳裡還擺了一個大型電晶體收音機，晚上可以聽廣播劇，那是電視尚未引進前，一般家庭最普遍的娛樂。

教室外的中學男生

民國50年代，跑到外頭拍照的中學男學生，同學們好奇地外望。至於照片中的男孩的平頭和卡其褲是中小學男生的標準裝束。

小學生參加演講比賽

民國50年代，參加學校演講的小男孩，老師們正嚴肅地考核他的表現，通常演講都是有關修身齊家的大道理。由於整個時代的氛圍是凝重的，演講現場中師生的態度也都有一股莫名的凝重。

論文比賽優勝作品

民國60年代，一所高中舉辦的「孔孟學說論文比賽」，優勢作品被張貼在學校佈告欄上。在當局的政策指導之下，學生們必須背誦《論語》，同時還舉辦了各種背誦、演講和作文比賽，優勝者被賦予很高的榮譽。

青春的容顏

　　民國四、五十年代（1950－60年代），台灣孩子在學校接受嚴格的課業與生活訓練，中學起即男女分班，最好的學校更是一律男女分校，以免「讀書分心」。男生必須理平頭，有些學校甚至要求剃光頭；女生則規定頭髮不能超過耳根，裙子必須高於膝蓋。所有學生都必須依照教育當局的規定，穿著統一的制服。至於上課內容，根據傳統的方式，學生們必須背誦許多著名的唐詩宋詞以及文言文，以加強中華國學的訓練。此外，受到兩岸局勢的影響，所有高中男女生都必須接受軍訓教育，軍事單位派有軍訓教官，教導學生有關軍訓和護理的知識，同時還進行戶外打靶的訓練。總的來說，這樣的青春歲月呆板單調，只是不斷地背書和考試，生活的情緒起伏完全根據考試成績的上下。至於異性的接觸的機會很少，如果偶爾有，也會遭到師長的訓斥遏止，原本應多采多姿的青少年時光彷彿成了黑白默片。或許，讓人驚覺那段時光的存在，是偶然照片裡留下的顧影自憐的表情。

高雄中學鼓樂隊

民國50年代，省立高雄高級中學鼓樂隊的隊員，在學校音樂館前留影。雄中是高雄的第一志願，也是南台灣第一學府，能考上雄中的學生，被視為南部成績最優秀的。雄中內有各種社團，學生參加社團活動十分積極踴躍。

排球比賽的發球

民國50年代，一所中學舉行男子排球比賽。排球是台灣中小學非常盛行的運動，在棒球運動尚未興起之前，排球是最受熱愛的體育項目。中小學經常舉行排球聯賽，甚至學校裡也舉行班級比賽，優秀的排球選手，經常被當成學生的偶像。

高中男生放學集合

民國50年代，一所高中男學生放學時集合。此時男生均穿軍訓制服，戴圓頂帽，學校教育嚴格。由於男校沒有女生，有時又稱為「和尚學校」。

假日到學校打籃球

民國50年代，一所小學假日時光，小學生的姐姐到學校打籃球，一位姐姐投籃時留下了這張照片，反映了社會上平和快樂的時光。

十信工商男子排球隊

民國60年代，台北市十信工商男子排
球隊練球的情形，身材高挑的選手通
常擔任前鋒。早期排球採九人制，球
員攻守的位置是固定的。後來改為六
人制，選手的位置變成輪流移動的方
式，使得選手需要攻守兼具的能力，
才能取得最好的表現。

克難球場

民國60年代，十信工商男子排球隊用比賽的方式練球，右邊還有一個籃球框，顯示籃球場和排球場是共用的。遠處還有一些建材，教室大樓空空如也，剛剛蓋完還沒有正式使用，一切都很克難。

練習完後休息

民國60年代，十信工商男子排球隊練球完畢後，坐在地上休息。參加體育競賽是求學期間美好的回憶，在每一場比賽的輸贏之間，都裝載著興奮、挫敗、快樂的感情。

高中女生和老師

民國50年代，和老師合影的高中女學生，個個面貌姣好，笑容燦爛。各縣市的普通高中一般是男女合校，不過一流高中卻是男女分校，對男女分際有著嚴格的要求。

「西瓜皮」的青春

民國50年代，穿著軍訓制服合影的省立新中學生，學校規定的
髮型被戲稱為「西瓜皮」頭髮。學生生活非常單純，不是讀書就
是考試，青春歲月就在指尖無聲地滑過。

女童子軍

民國50年代，女童子軍到戶外郊遊，船型帽的造型沿襲於大陸時期。由於參加童子軍可以四處走動，每一個小朋友都希望能參加童子軍，但因要繳交活動費用，所以實際上只有家境良好的孩子才有條件成為童子軍。

高中女學校的教室

民國50年代，高中女生聽課，正襟危坐，課堂上絕對不許交頭接耳。這棟教室舊形建築，天花板較高，這種建築隨後20年都陸續被拆掉，代以新式的教室大樓。

女學生領獎

民國50年代，演講獲勝的女學生接受頒獎，學校的各種獎狀是學生們追求的榮譽。一般所謂好學生都是指課業成績優良的，至於少數學生功課好，各種活動也常得獎，則被視為校裡的「名人」。

講台上的國文老師

民國50年代，女學生上國文課的情形，老師多半是大陸各省來的，口音較重，也常在課堂上提到過去在大陸上的事情。大部份台灣學生對大陸的感性認識都來自於老師們的現身說法。

愛美的天性

民國50年代,沈悶的學習生活無法抹去愛美的天性,女學生已懂得講求取景的角度。

萬華女中運動會

民國50年代,台北萬華女中運動會,家人也可以到學校參觀加油。這是家長每年到學校參觀的主要時機,學校也會藉機舉行各種美術或書法展覽、展示教學成果。

體育老師與女學生

民國60年代初,高中女生的體育課。體育老師都是體專畢業的,通常會教授排球和籃球,但一般學校並不真正重視體育教學,體育課只是讓學生動動筋骨。

桌椅排成臨時看台

民國50年代,台北萬華女中運動會,
同學們坐在課桌排成的看台。運動會
之前幾個月,學生們就必須練習大會
操以及各種表演活動。

個個舉止端莊

民國60年代初,大學校園的合影,個個舉止端莊,沒有人敢穿
得暴露。這個年代的愛情觀也趨於單純,交朋友就是要談戀愛,
談戀愛就是要結婚,所以到大四還沒對象就會有點心急。

黑白照片年代的魅力

民國60年代初，大學男女同學，還沒有彩色照片的年代，一切似乎都顯得純真。一般而言，女生畢業一至三年內都會結婚，男生則先去當兵，退役後工作一、二年也會結婚，到30歲時通常已有兩個孩子。

快樂的戶外活動

　　在嚴肅的社會和學校生活中，或許可以讓人暫時舒緩活動的是郊遊活動，無論社會人士、學生或一般家庭，越來越喜歡這種休閒方式。在台灣休養生息的20年間，旅遊活動也跟著日漸盛行，每到假日主要風景區可見大批踏青的人潮。

　　社會上的各種公司行號以聯誼的方式，邀集青年男女一起去郊遊，不僅可以放鬆身心，更是結交異性知己的重要機會；至於家庭出遊，則視個別的經濟狀況，通常富裕的家庭自己有車，放假時父親會帶著全家去野餐，全家出遊在孩子們的人生往往成為甜美幸福的回憶；至於學生，郊遊不僅是出去外面玩，也是學習計劃、組織和社交的重要方式。通常小學時代，郊遊是學校當局籌劃安排，中學以後，除了學校負責的大型活動外，基本上是學生自己來，找自己喜歡的朋友，帶上餐盒或烹煮工具，一群人即浩浩蕩蕩上路。最早是大家一起騎腳踏車，後來是搭公車客運，到了民國五十年代（1960年代）後則是租旅遊巴士，旅遊的快樂心情不變，不過方式卻越來越便捷豪華了。

青年男女相約高雄澄清湖

民國50年代，青年男女相約到高雄澄清湖遊玩，舒緩忙碌的身
心，也尋覓美麗的愛情。當時沒有休閒服裝，外出的正式服裝同
樣是襯衫、西裝、領帶，外國也是如此，以致郊遊和上班的打扮
都是一個樣子。

邊走邊吃餐盒

民國50年代，相約踏青的男女，邊走邊
吃餐盒，有一份閒情逸致，民國60年代
台灣人的打扮神貌與80年代的大陸人頗
為相似。

台南安平古堡的合影照片

民國50年代，一個富裕家庭遊台南安平
古堡。他們的穿著極為正式，在遊人中
顯得很突出，安平古堡是最早鄭成功光
復台灣之地，也是台南的名勝古蹟，遊
覽台南必到此一遊。

私家車的派頭

民國50年代，富裕家庭開著私家車出遊。當時私家車是個人財富的象徵，很少人有，通常有一輛摩托車就很拉風，未婚男士如果開私家車則是身價百倍。

基隆河畔的女孩

民國50年代，假日遊覽基隆河畔的少女，後方是日據時代由台北城通往圓山的「明治橋」，今天河的兩岸已是高樓林立。

淡水鎮的留影

民國50年代，遊覽淡水的女孩。淡水有全台灣最美的夕陽，也有古樸的老街，遊覽淡水通常是逛老街，搭渡輪，欣賞美麗的黃昏。直到今日，淡水仍是台北市民假日休閒的要地。

準備出遊的女工

民國50年代，高雄一處工廠的三名女工假日準備出遊前，站在宿舍頂樓陽台合影，離開廠房追求青春的陽光。女工們通常國小畢業後因家貧到工廠打工，賺錢貼補家用，假日她們會結伴出遊。

員工眷屬旅遊中的團體遊戲

民國50年代，公司員工眷屬旅遊，冬陽照在綠地上，溫暖舒暢，一名男士正帶領團體遊戲。這種場景在公司旅遊中時而可見，由於一家大小都參加，這種旅遊也是一般人見到同事家屬的機會。

同事們席地而坐

民國50年代，員工眷屬遊行，大夥兒在草皮上席地而坐，由活
動力強的同事帶動遊戲，炒熱氣氛，讓大家享有愉快的一天。

脫下西裝走山路

民國50年代，員工眷屬遊行，一群人大大小小走在山間的泥土上。太陽大，走累了，男士們便脫下西裝，擱在手上。

爬附近的山

民國50年代，員工眷屬露營活動，大夥抽空爬上附近的山，呼吸新鮮的空氣。登山是常見的野外活動，通常一趟要走個二、三個小時。台灣多山，山地占全島面積的三分之二，因此到處都有登山的地方。

時髦的媽媽

民國50年代，員工眷屬旅行，時髦的媽媽露出滿足的笑容。由於旅遊交通均由公司安排，甚至準備了餐盒，算是公司福利，因此參加員工頗眾。

進餐的女孩

民國50年代，員工眷屬旅行，正在進餐的女孩穿著露腿的短裙，已是當時最大膽的打扮。

滿地都是水果和食物

民國50年代，員工眷屬旅行，許多食物可以放在地上讓大家分享。除了公司準備的餐盒，一般人也會自備水果零食，以及鋪在地上的坐蓆。

拿著國旗

民國50年代,員工眷屬旅遊,遇到特定節日,還會拿著國旗,可見當時社會氛圍。另外,大夥兒剛到了一個地方或是準備離開之前,都會習慣性地拍一張團體照,每一個人的相簿中都會有好幾張這類的團體照。

表演傳統相聲

民國50年代，員工眷屬旅行團體遊戲中，兩個孩子出面表演傳統相聲，這是事先準備的餘興節目。旅遊承辦者事先會指定幾個人表演，由他們先準備好，譬如相聲或唱一段時興的黃梅調。

許多家庭的歡笑

民國50年代，員工眷屬旅行在綠林中留下許多家庭的歡笑。小朋友們也非常開心，大人坐在地上聊天時，他們會到處跑個不停，嬉鬧聲不斷。

大人坐在地上聊天

民國50年代，員工眷屬旅行。小孩跟小孩玩，喜歡話家常的媽媽們自然也會坐在一起，而且一打開話匣，話題也是圍繞在老公和孩子，尤其孩子們的學習成績的攀比，更常掛在嘴邊。

溪畔的石頭上用餐

民國50年代，未婚男女旅行。坐在溪畔的石頭上用餐，享受美好的時光。他們會脫掉鞋子，把腳伸進冰涼的冷水中，享受夏日的清涼，並且在輕鬆的心情下尋找彼此投機的話題。

湍湍溪水

民國50年代，未婚男女旅行溪邊留影。
台灣多山，谷間均見湍湍溪水，濃綠的
野地飄著幾許清涼，是旅行的好去處。

陣仗驚人的團體旅行

民國50年代，未婚男女旅行，台北陽明
山馬路上浩浩蕩蕩，男士們要負責提餐
盒。當時一出遊就是八十、一百多人的
團體，浩浩蕩蕩，陣仗驚人。

那個年頭帥哥典型

民國50年代，未婚男女旅行。那個年頭帥哥典型，看起來要既健壯又有學問。這種時尚基本上也是美國傳來，直到60年代中期美國掀起另一種逆流風，台灣年輕人才又變得狂野一些。

對女孩要體貼

民國50年代，未婚男女旅行。這一群是陽盛陰衰，女孩如同被捧在手心的寶貝。台灣社會較為傳統，一直有女人依賴男人，男人保護女人的思維，因此男士必須學習對女孩體貼細心。

自己升炊

民國50年代，未婚男女旅行。由過去帶現成的餐包逐漸發展到
自己升炊，野外的炊具應運而生。野外煮菜燒湯成為新流行，年
輕人樂此不疲，80年代後又發展成野外烤肉。

五、六個朋友相約去玩

民國50年代，年輕的男女相約登山，沒有女孩，也有另一種樂趣。無論男女，同性之間也會結伴出遊，不過人數不多，一般只在五、六個人左右。

基隆八堵車站

民國60年代，幾位大學男生從基隆八堵轉車前往淡水旅遊，在車站鐵軌前留影。淡水的火車之旅可以欣賞到迷人的山光水色，這種車窗外的景緻甚至成了台灣鄉愁的象徵。

內雙溪遊玩

民國60年代初，台北內雙溪遊玩的大學生，這是當年大學生的典型模樣。此區空氣清新、環境優美，是台北很好的居住地帶。

王老五自娛

民國60年代，相約一起登山的男士
們，王老五自娛的好方式。

一起遊台北碧潭

民國60年代，幾個男士一起遊台北碧潭，光桿漢的無奈選擇。碧潭位於台北近郊的新店溪，有吊橋和遊船，為著名遊覽地，許多電影在這裡取景，遊客也習慣用吊橋作為拍照的背景。

擺酷

民國60年代，幾位男士同遊山溪，在相機前擺出酷酷的模樣。同性的群聚代表著另一個行為典型，在成長的過程中也有其意義。

女生自己去玩

民國60年代，相約出遊的女學生們，打扮時髦，展露迷人的笑顏。相對於男性的同性群聚，女性的同性群聚更為明顯，從小到大均是如此。

爸爸帶一家人郊遊

民國50年代，爸爸帶著一家人郊遊，媽媽顯然正在幫忙拍照片。父親在家庭旅遊中經常扮演決定性的角色，他的經濟能力以及休閒愛好會決定家庭生活的品質。

媽媽和兩個女兒

民國50年代，郊遊中席地而坐的媽媽和兩個女兒。整天忙於家事的媽媽們，一般都很喜歡假日的家庭旅遊。至於好玩的孩子們則更不用說了，他們經常在草地上狂奔。

兩家聯合的旅遊

民國50年代，兩家聯合的家庭旅遊，小孩熱鬧，媽媽也更有話聊。這兩家都有相當的經濟基礎，而且多少追求生活的品味。

一出門就要打扮

民國50年代，時髦的媽媽只要一出
門，就必須打扮一番，無論上班、出
席宴會和郊遊均是如此。此時社會上
也出現與休閒生活相關的書刊雜誌。

等客運車的媽媽

民國50年代，結束郊遊準備打道回府的家庭主婦，坐在客運汽車站等車，一邊吃東西有說有笑的。一般家庭出外旅遊都搭乘客運車，比較沒有條件自己租車，因此等車、擠車都習以為常。

客運車的最後座

民國50年代，結伴郊遊坐在客運車最後座位的家庭主婦，一副心滿意足的模樣，沒吃完的餐盒還是得帶回去，踏上歸途難免幾分疲憊，但短暫離開家事卻也愉快無比。

每一個人一個水壺

民國50年代，跟著爸媽出去玩的孩子們，每一個人要帶一個水壺。

家庭露營活動

民國50年代，家庭露營活動，媽媽抱
著孩子讓爸爸拍照，通常孩子太小，
需要費力照顧，一般父母不太喜歡帶
孩子外出過夜，這一家顯然特別喜歡
戶外活動。

同甘共苦的軍旅生活

在兩岸長達30年的兩岸軍事對峙的情況下，台灣社會長期籠罩著戰備氣氛，政府也不斷宣導相應的價值體系，以引導人心的方向。無論男女學生，高中起都要上軍訓課程，男子20歲要服兵役，最初是一年兵役，後又延長為兩年。因此當兵是每個男孩子成長必經之路，從第一天起，面對班長下馬威式的喝斥，開始抱著緊張的心情喊口令、出操、射擊，不僅學習野戰技巧，更要適應凡事聽從命令的組織生活。這兩年內，由於生活規律，定期運動，男孩們通常體重增加，變得更健壯，日子雖然苦澀，但也結交了好朋友，有些退伍後甚至成為事業的夥伴，一如當年同甘共苦的連隊同胞。儘管軍旅生涯日後回憶相當刺激，但大部份的人都不會想再當兵，因為當兵實在太辛苦了，「只能嚮往，只能回味」。

除了義務兵役外，還有職業軍人，多半是從各種軍事學校畢業的軍人。他們從軍的理由不太一樣，有些父親從大陸來台時就是軍人，孩子很自然就去讀軍校，有些是從小個性頑劣，不喜歡唸書，被父親送去軍校接受管教；另外還有相當一批優秀的青年投考了軍校。每年高中生畢業之前，軍校都會派人到學校做說服工作，由一些優秀的學生現身說法，讓年輕人相信「軍隊裡才有光明的前途」。受到當時政治宣傳的影響，不少優秀青年真的選擇唸軍校的路；儘管如此，職業軍人與義務兵役本質上完全不同，後者只有兩年期限，前者卻是一輩子的事，尤其70年代後台灣經濟起飛，不少職業軍人看見當年的高中同學在社會上飛黃騰達，內心百感交集，通常會萌生進一步出國深造或再另考公職的強烈渴望。因此，軍事單位面對大環境的變化，也勢將提供優秀的從軍青年更多的讀書和發展的機會。

砲兵操演

民國50年代，砲兵軍營內的操演，照片中的火砲是日製41式七五山砲後期型，後方為日製38式野戰砲，左後方為日製88式七五高射炮。抗戰結束後國軍接收了許多日軍的武器，後來又運到了台灣。

120高射砲

民國50年代，砲兵操作著120高射砲，此砲主要適用於艦艇及要塞的火砲。砲兵是陸軍中重要的軍種，在地面戰爭中，起著勝負的關鍵作用。

教官講解新式火砲

民國60年代，砲兵連隊坐在凳子上聽教官講解新式火砲使用的技巧。砲兵是陸軍中技術兵種，需要有較高的教育背景，才能準確的使用火砲的各種方式，並準確掌握其不斷精進的技術。

精神抖擻

民國60年代，砲兵指揮部全員集合，通常先由連集合，到營集合，再共同前往指揮部的大操場。整個動作必須迅速整齊，官兵們沿途唱軍歌喊口號，士氣高昂。

演練認真

民國60年代,第九砲兵指揮部集合。
長官前來巡示,確認砲兵指揮部官兵
演練認真,值得嘉許。

假日省親會

民國60年代，一處軍營假日省親會，留營休假的士兵與前來探
視的女眷，在戶外的福利社喝飲料。假日是官兵們放鬆的重要日
子，如果眷屬無法前來，休假官兵可能到市區看電影、買東西。

期盼著女朋友的到來

民國60年代，軍營假日省親會的情形，在長達二年的服兵役期間，許多照片都是在省親會時拍的，許多服役青年都在這一天期盼著女朋友的到來，當兵兩年是許多情侶關係的考驗。

只能回憶的當兵日子

民國60年代，四名士兵扛著M1半自動步槍，吃著野餐。這是演習期間的休息時間，四個光著頭的士兵照片，可能成為他們日後美好的回憶。

兩年服役的同袍兄弟

民國60年代，軍營裡合影的同袍兄弟，兩年服役期間可能會交上一輩子的朋友。前三個月是基本訓練，比較辛苦，接著分發到各野戰部隊，有的很輕鬆，有的很累，各有千秋。

又看到當年的戰友

民國60年代，後備軍人點召，根據軍
事當局的命令，回軍營再當一天兵。
由於老百姓當久了，體態也變了，再
回到部隊是常笑話百出，比較開心的
是能見到多年不見的戰友。

女朋友來看我

民國60年代，休假時女朋友來探望，連上兄弟一起拍張照片。男子當兵時因無法陪伴女友，只能靠通信。如果此時女孩子在社會上工作，碰到有條件男士的機率高，就有可能另結新歡。這種現象台灣人戲稱為「兵變」。

金門服役

民國60年代，在金門服役的軍人假日到公園玩，後方石頭上刻著蔣中正手書的「毋忘在莒」四個字。一般人都說到金門當兵最苦，但因聽得到砲聲也最刺激，最讓人回味。

部隊的軍犬

民國60年代，在金門服役的軍人休閒時逗著部隊的軍犬。台灣部隊使用的軍犬是狼狗，體型大，相當兇猛。

假日留營

民國60年代，假日留營的軍人，不想
出去，又沒有訪客，留在營中看書聊
天也不錯。

女朋友和家人

民國60年代，放假時女朋友和家人來看望，兩人得穿得美美的，是否真美，只能依個人的眼光了。無論如何，在年輕力壯的官兵營裡，來了兩個穿迷你裙的女孩子，必然十分搶眼。

一輩子當兵

民國80年代初，職業軍人的結婚照，一旦一輩子當兵，就要想辦法升將軍，但大部份人都在上校位階上退伍。盛平時期，能否晉升與戰功無關，更多是官場上的手腕問題。

自家客廳的軍人夫婦

民國50年代，攝於自家客廳的軍人夫婦，部隊薪水微薄，只能靠各種福利，只要不打仗，生活還算穩定。

早期來台的大陸軍人

民國40年代,早期來台的大陸軍人,
儀表和服裝均延續自大陸時期,與南
京國民政府時期的裝扮基本上是一樣
的。

很多事情需要討論

民國40年代末,師部的高層會議,主要討論如何執行上級的命令。部隊實行的是輔導長制,輔導長即為國民黨黨代表,負責部隊的政治工作,必要時可以接管指揮部隊的權力。

金門防衛司令部的軍官

民國50年代,金門防衛司令部軍官招待訪客參觀莒光樓。金門不僅是戰地,也是施行政治作戰教育的重要地方,每天均有大批軍政單位,學校、文化、青年團體前來參觀訪問。

家眷也來了

民國50年代,金門防衛司令部官兵陪同上級長官的家眷參觀各地。由於是軍事單位之間的參訪活動,都算是自家人,接待條件較好,而且充滿了親切的氣氛。

部隊新年聯歡會

民國50年代，部隊新年聯歡會開始前，由上級長官說明最新的情況。部隊的生活紀律中，即使是輕鬆的節目，也要先由長官講出一番正經八百的話來。

穿著非常正式

民國50年代，出席部隊聯歡會的各級長官在門口簽到，位階越高的軍事首長有時反而不著戎裝，而是穿正式的西裝，以顯示其兼具的社會地位。

高級首長

民國50年代，部隊聯歡會上蒞臨的高級首長，一旦首長穿上西裝就不會再訓人，而是享有安撫、宣慰以及表現親和力的權利了。

習慣性地起立

民國50年代，部隊聯歡會，首長進場時，大家習慣性地起立致敬。

高級軍官女眷

民國50年代，高級軍官的女眷，每一個人在大陸都有一段與老公相識相愛的故事，這種官階通常都配有一輛吉甫車和一名司機。

恩愛的夫婦

民國50年代，空軍軍官和他恩愛的老婆，連談戀愛都比陸軍
行。

值得驕傲的男朋友

民國50年代，假日帶著女友遊湖的軍官。那個年代，有個軍裝筆挺的男友是件值得驕傲的事。

空軍官校學生

民國50年代，一名軍校學生在台北北投自家門外留影，他是空軍官校的學生，是所有軍種中前途最被看好的。

自信和神氣

民國50年代，空軍軍官的獨照，空軍有一種特別的自信和神氣，而且喜歡戴墨鏡，擺出酷酷的模樣。

空軍官校的長官

民國50年代，空軍軍官同袍的合影
照，記得當年軍中對自己的承諾，他
們必須到美國接受一段時期的飛行訓
練，因此必須先完成英語課程，並且
通過考試。

軍官肖相照之一。　　　　　軍官肖相照之二。　　　　　軍官肖相照之三。

軍官肖相照之四。　　　　　　軍官肖相照之五。　　　　　　軍官肖相照之六。

從騎腳踏車、摩托車到私家車

交通工具反映了經濟與社會的發展狀態。最早，絕大部份的人上班和上學都是依靠腳踏車和公共汽車。每天清晨，公車裡都擠滿了上班族，還沒上車的人則想辦法再擠上去，因此呼籲人們排隊上車成了地方當局定期的交通宣導。至於腳踏車則更是人人會騎，家家最少有一輛，像是伴隨自己多年的老友，上班騎它，探訪朋友騎它，約會看電影也是騎它。青年學子更離不開腳踏車，尤其在充滿浪漫氣息青春歲月中，幾個好朋友假日相約騎到遠遠的鄉下，玩一整天，笑聲不斷，那快樂的時光此生將永遠迴盪在記憶的深處。

在腳踏車之後時興的摩托車，機動性大增，代表了速度與造型，立刻大受歡迎，尤其是意大利的Vespa具有典雅風格，更是女士最愛。摩托車成了財富與時髦的象徵，不過當越來越多的摩托車奔馳上街，數量毫不受限制時，摩托車旋即成為交通的夢魘。此外，儘管摩托車逐漸取代了腳踏車的地位，不過人們內心真正嚮往的還是擁有一輛私家車。五、六十年代，能夠搭「小包車」（當時的人對計程車的稱呼）的已被視為有錢的人，擁有私家車則更是貨真價實的富人。早期日本車尚未興起，台灣城市大街上跑的絕大多數是美國車，體積龐大，造型搶眼，看起來十分拉風，連停在路旁都會吸引不少人站過來合照一張。這個時期，擁有私家車的男人代表著無限的前途，很容易結交到美麗的女友。不過大部份人還是過著普通的生活，假日出遊最常搭的還是金馬號長途客運，其舒適度不能跟今天的巴士相比，不過對當時的人已是享受。

腳踏車、摩托車、客運和私家車之外，人們還會跟火車、輪船、飛機結緣，尤其火車是城市之間的主要交通幹道，輪船與飛機則是台灣與外界的往來交通幹道，比起其他的交通工具，染上了更多別離的情緒。

校園裡的男大學生

民國60年代初，大學男生騎自行車在校園留影，精力旺盛的年紀，也是世界等待自己征服的年紀，陽光永遠灑滿了大地。自行車是大學生通勤的主要交通工具，學生們不是住在學校宿舍裡，就是在外面租房子，生活費則是靠家裡寄錢來，偶爾想辦法教點家教。

單車俏姑娘

民國60年代，單車俏姑娘的討人喜歡模樣，無論容貌、服飾和站姿都很美。一般女孩並沒有把自行車當成拍照的背景，但是這個女孩的搭配卻非常漂亮得宜。

單車上的青春氣息

民國50年代，兩位少女騎著單車，在馬路邊行駛，洋溢著青春的氣息。整整三十年中，青春少女跟騎單車的形象往往緊密相連。

街頭的單車和三輪車

民國50年代，台北街頭一景，腳踏車和三輪車是主要的交通工具。一般人最多的還是騎腳踏車，三輪車的最大客戶是家庭主婦，至於私家車則是少之又少。

腳踏車邊的擺酷

民國50年代，站在自己的腳踏車旁擺
酷的青年，那個年頭赴女朋友約會的
派頭大致如此。

車輛稀少的道路

民國50年代，街道上往來車輛稀少，無論騎車或開車都暢通無阻。這一天是雙十節，街頭上豎起了慶祝牌坊，同時寫上了各種政治標語。

大樓外等待的三輪車

民國50年代，台北新式大樓外等待的三輪車。一開始三輪車全靠人力去踩，後來發展成摩托三輪車，但並不符合車輛安全的檢驗標準。民國57年台北三輪車正式淘汰，往後幾年內，各縣市的三輪車也陸續淘汰。

高雄扶輪社摸彩的大獎

民國50年代，高雄扶輪社年終聯歡摸彩。一位來賓摸到一輛嶄新的腳踏車，喜形於色，新型腳踏車是各種摸彩活動中的大獎，主持人宣布中獎名字時通常會引起一陣驚呼。

年輕婦女坐著「Vespa」

民國50年代，兩名年輕主婦在摩托車旁留影。摩托車剛出現在街頭上時是拉風的交通工具，尤其是照片中意大利款式的「Vespa」因為端坐坐姿優雅，非常受到婦女們的歡迎。

神氣的父親

民國50年代，騎機車載著一家人的父親。摩托車最早出現時，
有關載乘的人數以及安全帽的規定較不嚴格，經常會出現四、五
個人共乘一輛摩托車的情況。照片中的父親載著全家到郊區玩。

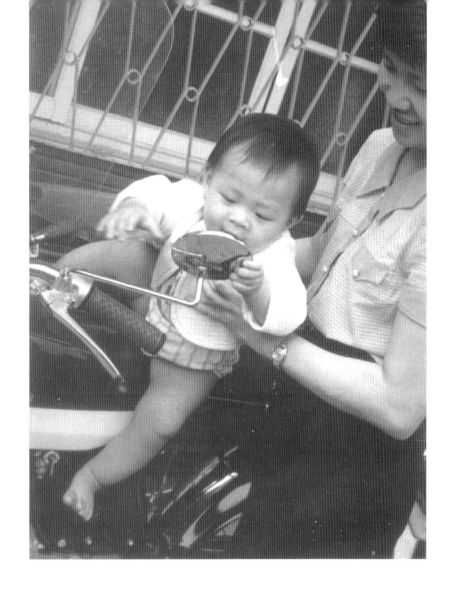

摩托車的後照鏡

民國50年代，媽媽抱著兒子坐在自家門外的摩托車，看著後照鏡裡的自己。任何家庭剛買摩托車時，都當成家裡的寶貝，像大玩具一樣地賞玩。

後照鏡裡的自己

民國50年代，小女孩看著摩托車後照鏡，一臉好奇，後面是一臉開心的媽媽。類似的畫面在很多國家的經濟發展史中均出現，是一種生動的巧合。

光陽牌50C.C

民國50年代，輕型的光陽牌50C.C，是台灣自產的輕型摩托車，很受婦女的喜愛。由於使用者日眾，銷售激增，帶動了台灣自產摩托車工業。

騎樓上的摩托車

民國50年代，台北街頭邊騎樓裡一名女子坐在心愛的偉士牌機車上，留下一張紀念照，機車數量快速增加，逐漸對道路交通和騎樓停放空間形成龐大的壓力。

轎車邊的特寫

民國50年代，台北街邊一輛大轎車
旁，母親和四個孩子留影，這一家不
必然是車子的主人，當時只要有豪華
大轎車停在路旁，都會吸引市民合拍
一張照。

迎接新娘的花車

民國50年代，迎接新娘的花車，通常是租來的，或向有車的朋友借來的，迎娶隊伍往往由四、五部私家車組成。

有私家車的家庭

民國50年代，父親開著私家車載全家出去郊遊。當時私家車極少，只有經濟條件特別好的才買得起，時髦的母親將自己和三個孩子都打扮得漂漂亮亮的。

金龜車前的兄弟姐妹

民國50年代，一群孩子在金龜車前留影，調皮的男孩一邊喝著飲料，代表著物質生活充裕的一代。

汽車駕駛教練車

民國50年代，台北汽車駕駛訓練中心
的教練車，想考駕照買車的人明顯增
加，催生了教授開車的生意。

排班的計程車

民國50年代，兩名在車站外排班的計程車司機，後面是鐵路餐廳，提供等車的旅客餐飲服務。很多人利用空檔在鐵路餐廳吃飯，以致於鐵路餐廳也成了報導文學常提及的地方，甚至成了旅情的象徵。

包計程車出遊

民國50年代，包計程車去野外郊遊的家庭，有時自己沒車，也可以包一輛計程車，價錢可以商量。

鄉下的林蔭大道

民國60年代，街景多樣的年代，有耕牛、騎腳踏車的、金龜車以及穿著喇叭褲穿越馬路的女孩。

台鳳的俏姑娘

民國50年代,台鳳果汁公司推廣部的俏姑娘,搭著公司的自用車四處宣傳,相當拉風。台灣盛產鳳梨,罐裝鳳梨常作為結婚宴會中最後的甜點。

有天窗的轎車很少

民國50年代，站出車頂天窗留影的女孩，裝有天窗的車種十分稀少，它代表著都市休閒文化的出現。

長途客運站

民國50年代，在風景區長途客運站合影的夫婦。當時跑長途的是金馬號客運，金馬號幾乎成了郊遊的代名詞。由於一般人出去玩都是搭金馬號，以致於金馬號也成了一個時代的印記。

高雄火車站前

民國60年代，高雄火車站前的青年男女合影，穿著1970年代初
歐美流行的喇叭褲。高雄火車站也是高雄市民北上必定要去的地
方，無論是搭火車，或在附近搭客運巴士，都要到火車站來。這
座車站也成了高雄的重要地標，有著濃濃的懷舊情感。

嘉義火車站前

民國50年代，嘉義火車站前的母與子，一般人長途旅行還是習慣搭火車。無論是南下北上求學、找工作、探親友，大多搭火車。火車與一般人的生活息息相關，圍繞在火車站的種種，也成了時代的回憶。

台中公車站前

民國50年代，台中市公共汽車站前水池旁的一名男孩，公車是一般人通勤的主要交通工具，在大部份台灣城市裡，公車總站通常離火車站不遠。一般人下火車後，可就近到火車站旁的總站轉乘公車進入市區。

招商局的交通車

民國50年代，台北市區內一輛招商局的交通車行經國泰人壽保險公司大樓。許多大單位有自己的交通車，提供員工定點的接送服務。

下車檢查故障

民國60年代，一輛客運在桃園石門水庫一帶發生爆胎，幾名男生乘客下車幫忙換胎。

高雄客運遊覽車

民國50年代，一名穿著旗袍的婦女，在高雄客運前留影。遊覽
車是長途旅行的交通工具，在遊覽車邊留影，成為旅遊的影像記
錄。

阿公阿婆遊台北

民國60年代初，一群阿公阿婆搭火車到台北遊玩，下車時受到
車站主管人員的歡迎。這項活動是當局舉辦的敬老活動之一。火
車旅行是一般百姓日常生活的一部份。

123

豪華快車「光華號」

民國50年代，最新推出的豪華快車「光華號」，外形為鋁金包
裝，奔馳於台北和高雄之間，所有座位都需要預定，沒有站位，
受到商務出差人士的喜愛。

巡視高雄港區

民國50年代，一名政府官員搭乘高雄港內的視察船巡視港區。高雄港是台灣第一大港，民國50年代隨著台灣對外貿易的興盛，貨物吞吐量大增。

高雄港客輪碼頭

民國50年代，高雄港客輪外的母親與孩子。台灣沿海城市間的海運曾興盛一時。後來鐵公路交通日益便捷，船運因耗費時間，客源變得稀少，最終長途航線都取消了。

蘇澳港

民國50年代，蘇澳漁港的小孩，每天清早漁船載著大量漁獲返航，旋即形成熱絡的漁貨交易中心。蘇澳位於宜蘭縣，民風純樸，台北人假日喜歡到蘇澳遊玩或購買新鮮的魚貨。

馬祖漁港

民國50年代，馬祖漁港，與福建馬尾相鄰，有著福建沿海漁村的風情。1949年後，馬祖和金門留在國民黨這邊，作為台灣和大陸的某種歷史與地理的連繫象徵。

東北角海岸

民國60年代初，到東北角海岸玩耍的四個年輕人。東北角海岸依山傍海，風景優美，很能代表台灣海島的地理特色。

松山機場貴賓處

民國50年代，松山機場內的貴賓迎
接處，新聞攝影記者先拍一些背景鏡
頭。早年機場僅為簡易的木製建築，
迎賓處也只有一個大型的遮陽天花
板。儘管如此，搭機是很正式的事，
接送貴客或親友時也要穿得很正式。

祈禱與祝福

　　傳統宗教在台灣擁有龐大的信徒，由於著名的寺廟都有悠久的歷史，都包含一段由福建迎神來台灣的故事，經過當地百姓數代的頂禮膜拜，成為香火鼎盛的名寺。寺廟於與地方宗族關係經常結為一體，地方的族長通常也是寺廟的理事長。雖然廟裡供奉的是一般台灣人熟悉的媽祖、關公、天皇大帝、觀音或佛祖，但廟宇對於百姓而言不僅是宗教信仰的場所，也是地方的文化、娛樂甚至是飲食中心。廟宇旁邊常有江湖藝人表演，推銷土方藥品，還有菜市場和熟食攤販，每到酬神廟會時節，歌仔戲、布袋戲成日上戲，更是鑼鼓喧天，熱鬧非凡。此外，著名寺廟也是重要的旅遊地，假日不僅有進香團，也可看見如織的遊人。

　　傳統宗教寄存於傳統的生活，成為一種自然的生活方式，無需刻意傳教，也會世代遞嬗；相對於此，近代才傳進的基督教和天主教則強調信仰的忠誠，更依靠神職人員的佈道。由於強調唯一。真神的意志，基督教信徒具有強大的內聚力，在學校和知識分子之間都出現許多小型的團契，並熱衷於向四周的同學友人宣揚宗教真理。至於天主教歷史悠久，其代表性組織由南京遷至台北，透過學校、醫院、救濟所等教育與服務性團體，影響力深入社會底層。

到家裡證道

民國50年代，牧師到家裡向老人家證道，並且帶領禱告。這是教會中針對個人的傳福音活動。基督長老會在台灣已有很長的歷史，國民黨來台時，南京樞機主教于斌也跟著將天主教的影響帶進寶島，隨後半世紀，西方各種教派陸續登陸。

讚美主耶穌

民國50年代，牧師舉起手，高聲朗讀
主耶穌的話，以釋放心中的靈。對於
行動不便的老人而言，牧師常被邀請
到家裡證道，以祈求老人健康平安。

解釋聖經的詩文

牧師宣讀聖經，宣揚得救之道。通常
牧師會選擇一段經文，解釋其精義，
帶領朗讀，最後帶領禱告。

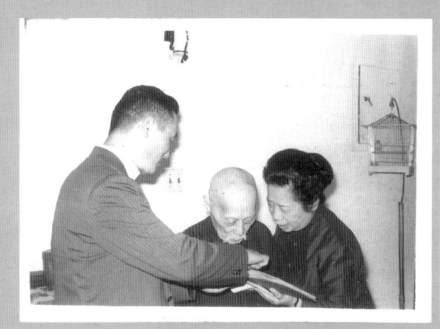

老伴幫忙解說

牧師向老人家唸出一段重要的經文，老伴在一旁幫忙解說。家庭聚會活動與教堂禮拜形式近似，包含讀經，唱詩歌和禱告。

帶領唱詩歌

民國50年代，基督教牧師帶領唱詩歌，重要的地方會請信徒們站起來合唱。這間教會是早年台灣小型教堂的典型模樣。

聖靈的力量

民國50年代，證道的牧師按著年輕女教友的頭，以傳達聖靈的力量。有些教會的形式較溫和，有些教會則表現較激昂，牧師或長老會以譴責的口吻，驅逐撒旦的誘惑。

相親相愛

民國50年代，在牧師的帶領之下，夫婦教友們相互行禮，以示相親相愛。教友除了必遵守教義之外，還有向親朋好友傳福音的義務。事實上，許多虔誠的教友還將傳教的成果視為信仰堅定與否的標準。

典雅的教堂

民國50年代，一群女孩在天主堂留影，具有悠久歷史的天主堂本身也代表一種建築的典型，同時又因與地方發展緊密相連，成為豐富的地方典故之一。

台北市聖公會

民國50年代，一對夫婦做完禮拜後在台北市聖公會教堂外留影。虔誠的教徒每個星期天都會盛裝前來做禮拜。

聖母瑪莉亞

民國50年代，一名婦女在聖母瑪莉亞的神像前留影。天主堂的設計與色彩運用較其他教會豐富，因此常被教友甚至非教友當成獵攝的題材。

山區精神的撫慰

民國50年代，遠山山腰的白色小教
堂，為山區區民帶來許多精神撫慰。
尤其在原住民居住的山地，傳教士不
畏艱苦的生活環境，長年從事社會服
務，使得基督教的影響超過漢人的佛
教。

廟裡祈願的婦女

民國50年代，到廟裡上香祈願的兩名婦女，通常期望丈夫事業成功，孩子考試金榜題名。儘管基督教影響力有現，不過佛教和道教仍然是台灣漢人最大的宗教，寺廟林立，深入民間。

祭拜活動

民國50年代，寺廟裡的祭拜活動，通常有疑問會占卜求神。神明所示籤文通常是傳統禮義廉恥的勸世信條。

華麗的寺廟屋頂

民國50年代，台灣寺廟頂端雕塑細緻，色彩華麗，為本地廟宇建築的獨有特色。

去廟裡拜拜

民國50年代，到廟裡上香拜拜的家
人，請神明開示是地方上根深柢固的
傳統風俗，一代傳著一代。即使今
天，許多人社會知名人士心中有疑
問，仍會到廟裡抽籤，籤文靈驗的廟
宇自是香火鼎盛，善男信女源源而
來。

高雄旗山濟公大佛

民國50年代，到高雄旗山濟公大佛旅遊的團體，全省各地山上
的巨佛名剎都是遊客經常造訪之地，可以祈福，也可順便遊覽。

58.8.26. 鹿港．天后宮

基隆中正公園的觀音大士

民國50年代，基隆中正公園的觀音大士巨像是當地知名的旅遊地，基隆為海港，面對大海的觀音象徵著慈海普渡的悲憫。

彰化八卦山上的大佛

民國50年代，彰化八卦山上的大佛是全省知名的旅遊勝地，不僅其他縣市的遊客會專程前來，連中小學的畢業旅行多會包括參觀這尊大佛的行程。

彰化鹿港天后宮

民國50年代，彰化鹿港天后宮前的進香團。天后宮祭拜媽祖，源於福建湄州，保護著海上行船人的安全。由於歷史悠久，文化根基深厚，是本省信徒最多的神祇。

帶孩子來拜

民國60年代，香火鼎盛的廟宇，婦女帶著孩子們來祭拜，年輕人則來學習文史知識，所有地方文史工作者對當地寺廟的掌故均十分嫻熟。此外，著名寺廟也是傳遞中華文化的教育單位，廟方經舉辦書法和國畫比賽，或開班傳授古文。

慈悲的佛祖

民國60年代，佛教寺廟裡的佛祖神像，莊嚴肅穆，以慈悲之心普渡眾生。

獅頭山靈塔

民國60年代，獅頭山靈塔一位美麗姑娘的倩影。獅頭山位於苗栗，是台灣的佛教聖山，善男信女登山朝聖，絡繹不絕。

陪同外國友人參觀

民國50年代，花蓮兩名男子陪同外國
友人參觀廟宇，並解說地方宗教信仰
與生活文化。此外，每年的酬神廟會
也是地方最熱鬧的節慶活動，在宗教
領域上，台灣幾乎保留了完整的中國
傳統。

木柵的指南宮

民國50年代，台北木柵的指南宮，為台北近郊的名寺，也是重要的旅遊名勝，由於較靠近政治大學，成為該校同學在學期間經常邀約共遊之地。景美、木柵一帶的居民假日也會登上指南宮一遊。

大溪公園廟宇

民國60年代，桃園大溪公園廟宇前的大學男女學生，遊山玩水必然要造訪古刹名寺。

獅頭山進香團

民國50年代，獅頭山上名寺的進香團，這裡據稱神明靈驗，遠近馳名，大批香客絡繹不絕。

參觀廟宇的國中學生

民國60年代,參觀廟宇的國中學生,
許多學校將寺廟當成地方文化課程的
一環。有各級學校擔任寺廟講解,已
成為地方文史工作者的兼差之一。

種甘蔗的美好年代

　　台灣氣候濕潤，適於耕作，明鄭至清初，大批福建移民渡海來台，開山墾荒，農業逐漸發達，至清代末年，無論稻米種植，或樟腦等經濟作物的生產，均達到很高的水平。日據時期，殖民當局將台灣建成日本帝國的農業給養之地，在南部興建密集的水利灌溉工程，引進現代科技，對各類農業產品進行研究與開發。台灣光復後，當局在經濟發展策略上採取審慎的步驟，先由農業著手，累積輕工業發展所需的資金與社會消費能力，等條件成熟後再由輕工業轉至重工業。因此，將近有２０年是農業發展的黃金期，不僅稻米產量大增，諸如香蕉和蔗糖等經濟作物更因出口海外而大發利市，成為賺取外匯的主力軍，蕉農和蔗農個個笑顏逐開。

　　這一章節呈現的是甘蔗種植實驗園的老照片，農政當局設置實驗園，引介國外技術經驗，加上本身的研發，不斷改進甘蔗的品種，最後將研發成果交給蔗農，協助他們種出最好最多的甘蔗。至於蔗糖製作，日據時代即設有台灣糖業株式會社，光復後改為向民間開放的股份制，不過仍由官股主導。台糖公司占地廣，擁有多個製糖工廠，蔗田之間還有專屬運輸甘蔗的小火車，在美麗的農村裡，猶如神話般的小王國。台糖後來不僅製糖，還生產雪糕、冰淇淋以及多樣食品，可以說，台灣民間對美好農業時代的記憶與南部蔗園迷人的風光，密不可分。

艷陽高照的蔗園

民國50年代，艷陽高照的蔗園，構成寶島的田園景觀。高雄、
屏東地區氣候炎熱，適合種植甘蔗，甘甜的蔗汁為炎夏帶來幾許
清涼。

台灣糖業試驗所新竹苗圃

民國50年代，台灣糖業試驗所新竹苗
圃的兩名技術人員合影，農業科研代
表著大好前途。台灣光復後20年間，
農業是經濟發展的主力，大批學生進
入農業科技學校就讀，以求得好前
途。

茂密的蔗林

民國50年代，高聳的甘蔗形成茂密的
蔗林。這些甘蔗大多數都提供製糖使
用，一部份送到市場上販賣，提供民
間消費。

測量蔗葉

民國50年代，技術人員測量試驗甘蔗品種長成後的葉子的長度與寬度。強調研究、引介和應用是台灣農業的特色，也是成功的主要原因。

捕蟲設施

民國50年代，蔗園裡的捕蟲設施，務將蟲害降到最低。蟲害一直是農作物生長的主要威脅，使用化學藥劑除蟲卻會傷害農作物，因此利用蟲類的自然特性除蟲，避免傷害作物，也成為農技的一部份。

別樣景觀

民國50年代，蔗園裡狀如高架燈籠的捕蟲設施，形成別樣景觀。

溫室裡培育

民國50年代，溫室裡培育的特別品種的甘蔗。甘蔗品種的廣泛應用需要經過繁複的過程，尤其是要經過土地適應和市場消費慣性的檢驗。許多培植成功的品種，卻不為消費者喜愛，最後還是要放棄掉。

戶外培養

民國50年代，戶外的甘蔗培養工作。

充份的陽光與空氣

民國50年代，戶外培育專用的架子，
享有充份的陽光與空氣。

培育箱

民國50年代，技術人員向培育箱內灑水。

單位受訓的日子

　　一般而言，中國人喜歡到公家單位上班，因為不僅有穩定的收入，定期的休假，還有各種保險福利甚至派出國的機會；不像私人公司，早去晚歸，做得要死，隨時還要面對公司倒閉或被老闆炒魷魚的風險。台灣光復後近20多年間，由於私人企業尚在起步階段，待遇和發展機會還不多，人人更是爭相擠向公家單位。本章節展現一所公營企業工廠興建以及幹部受訓的情景，它即是著名的台灣煙酒公賣局。

　　煙酒專賣制度始於日據時代，當時被批評為與民爭利的惡法。台灣光復後，受到國共內戰以及隨後戰備體制的影響，基本民生物資的生產與供給，均受到管制，煙酒專賣制度也就延續下來，直到八十年代後始解除。因此，30多年前，台灣民眾都是抽煙酒公局製造的煙、喝煙酒公賣局生產的酒，他們所推出的煙酒牌子成為早年台灣人的生活記憶密不可分。至於公賣局工作自然是一份好差事，不管蓋新廠房和辦公大樓，由海外引進新機器，以及接受有關企業管理的課程，都代表著員工發展的大好機會。單位賺錢，規模不斷擴大，工作就在出差、開會、監管、受訓、晉升、加薪中循環不已，原本被人戲稱為「鐵飯碗」，現在更是鍍上了一層金。

菸酒公賣局的管理會議

民國50年代，台灣省菸酒公賣局中樞目標管理研究班開講，課程安排地很正式，各區各級主管都必須參加。光復初期，公賣局專賣業務包括菸、酒、樟腦、火柴、度量衡五項，後來改成僅限於菸、酒兩項。

研究班主講人

民國50年代，目標管理課程安排多名講演人，目的是推廣現代企業經營的新觀念。公賣局統管菸、酒生產，運送至銷售之一貫業務，菸酒配銷單位及許可零售商遍佈台灣城鄉大小角落。

建新的廠房

民國50年代，公賣局興建新的廠房，擴大產量，以滿足日益提高的煙酒消費。整個廠區包括糖化大樓、發酵大樓、貯酒大樓、包裝工場、成品倉庫、行政大樓、維護工場以及福利樓房等。

新式的進庫分銷

民國50年代，公賣局最新流水線作業，酒水直接在這裡穿瓶包
裝，然後進庫分銷。生產流程包括卸下空瓶、清洗空瓶、裝酒、
打蓋、殺菌、貼標、裝箱，然後送到成品倉庫。

尚未使用幻燈片

民國50年代，主講人用簡報輔助說明，當時幻燈片尚未普及。

主管也認真聽講

民國50年代，即使是高級主管也認真聽講，這也是台灣較早的企業管理課程，到民國60年代後企管學科成為大學及社會上的熱門學科。公賣局所經營的菸酒專賣成了指標性的公營營利事業，民國70年代當局調整產業政策，菸酒專賣制度被打破，菸酒廠更成為歷史古蹟。

勤作筆記

民國50年代，主管們認真聽講外還勤作筆記，民國50年代一般人求知慾十分強烈，社會上有著濃厚的學習風氣。

公賣局員工餐廳

民國50年代，公賣局的員工餐廳，工作環境較老式的工廠有了明顯的改善。員工餐廳提供的低價餐點，一般只對內，不過有些單位也逐漸變成對外。

歲末聯誼會

民國50年代，公賣局員工歲末聯誼會
中，主管頒發獎金給優良員工，物質
獎勵是提高生產力不可或缺的手段。

背著相機的神氣

　　相當一段時日，照相機是人們生活裡的奢侈品，如果買一台台灣本地生產的相機就要花去一般人幾個月的薪水，如果是進口的名牌相機，則是幾年的薪水，普通人自然可望不可及。儘管如此，拍一張照片卻是如此的誘人，因為鈕一按可以把終將衰老的容顏永遠留住，可以讓終將分離的家人永遠聚在一起，也可以讓人生每一個時期的模樣相互提醒著生命的意義。因此，在相機稀少的年代，人們會到照相館拍照，有全家福、個人照、兄弟照、姐妹照、朋友照等等，很多人成長的過程中很多東西都丟了，唯獨那一本厚厚的相簿保留下來了。

　　民國五十年代（1960年代）開始，個人相機開始出現在一般人的周圍，通常是從某個事業較成功的男性親友開始。由於買相機需要一筆開銷，因此個人相機自然最早出現在賺了錢的男人手中，這部相機不僅可以幫家人拍照，也讓他們在自己的親友中廣受歡迎，因為周邊拜託他們幫忙拍幾張照片的聲音會不斷地湧現。到了六十年代末期，雙眼相機盛行，價格降下來了，普通人的收入也增加了。就跟所有電氣產品剛剛盛行之時，相機成了某種時尚，尤其是男士們將相機掛在胸前，幾乎成了服飾的一部份，自己和旁人都覺得很神氣，此時連學生郊遊時，都可見不少人帶著家裡的相機前來，連大孩子拍照都習以為常了。到了七十年代，單眼相機興起，彩色取代了黑白，大學生暑期打個工就買得起自己的相機，同學之間甚至拍起「個人寫真集」了。

母親的老式相機

民國50年代，全家出遊，母親拿著相機。這種老式相機雖然對焦很不容易，經常要對半天，不過因使用大底片，沖洗質量穩定，為專業攝影家高度信賴。左邊的兒童是鄰近村莊的孩子，打著光腳好奇地看著城裡來的人。

同事出來獻醜

民國50年代,單位新春聯歡會,看著同事出來獻醜,大夥笑開了,後頭還有同事用非常專業相機和閃光燈留下歡笑的一刻。有些非常專業,能夠自設暗房沖洗相片,他們經常成為同事們請託的對象。

三位教授

民國50年代,三位教授坐在校舍走廊留影,他們的氣質和穿著保留著大陸知識分子的模樣。他們當中通常會有攝影發燒友,擁有從大陸帶過來的相機,在寶島也留下許多珍貴的生活畫面。

拿了相機的女生

民國60年代，新竹青草湖的女學生留影，從制服判斷應是私立女子學校，儀容十分講究，女孩手中的相機估計是向爸爸借用的。

背相機的帥氣

民國50年代，背著相機的男士，顯得更為神氣，成為家庭事業春風得意的男人的典型。

背著相機的時尚

民國60年代，蹲在海灘留影的成熟男士，毫無疑問，背著身上的相機成為時尚的一部份。

其中一位會帶相機

民國50年代，共同出遊的男士們，少
不了其中一兩位會帶相機。

搔首弄姿的老男人

民國50年代，陽明山上搔首弄姿的老男人，胸上的相機猶如男人的項鍊。

山上風景區

民國50年代，山上風景區裡的兩名男士。山區氣溫低，景色宜人，適合攝影。

懷生廳前

民國50年代，站在金山青年活動中心懷生廳前留影的男士，單位聚會結束後的一刻。懷生廳紀念的是民國51年架U2高空偵察機，在大陸上空被擊落犧牲的中華民國空軍飛行員陳懷生烈士。

山間瀑布前

民國50年代，山間瀑布前的留影，雙眼相機逐漸普及，不過缺點是不小心會重覆曝光。

苗栗造橋工程

民國50年代，視察苗栗造橋工程的行政官員，手中拿的相機加裝鏡頭，更專業，更高檔。一般單位都有專門的相機和拍攝人員，為單位的工作情況拍照，作為宣傳之用。

拍照的多半是爸爸

民國50年代，遊船上的家庭旅客，拍照的顯然是爸爸。

高中生到郊外旅行

民國60年代，高中生到郊外旅行，冬日太陽的照射下似乎有一
點悶熱，同行負責拍照的同學留下這張構圖和情境均不差的生動
照片。

超好的NIKON單眼相機

民國60年代,拿著NIKON單眼相機的女孩。相機已十分普及,
單眼取代了雙眼,拍出來的畫質更清晰。由於經常拍照,一般人
的攝影技術也進步許多,這張照片就是現成的例子。

遊山的年輕朋友

民國60年代，一群上山旅遊的朋友。右邊是望遠鏡，投錢幣可以看一分鐘遠處的風景，右邊的男士也抓緊手中的相機，此時相機已相當普遍。到了民國60年代末期，即使是大學生也幾乎人手一個相機，而且攝影從拍團體照進入個人寫真的攝製。

調皮的大男生

民國60年代，單位年輕男同事的合影，在真正成家立業之前，還保有一份大男生的調皮。

杯觥交錯的心情

　　中國人婚喪喜慶都要吃飯，喜事尤其要好好吃一頓，至於何謂喜事？結婚當然是頭等喜事，尤其大陸來台的軍人或學生，多半隻身在台，舉目無親，原來抱著快要回大陸老家的心態，不急著成家，後來一拖十多年，看來一時回不去了，心中難免徬徨寂寞，此時要找個老婆的感覺就變得很強了；於是，在長官或同袍的安排下，相了一、兩次親，就要準備喜事了。結婚喜宴通常安排在外面的餐廳，地方大，菜色全，隊上兄弟全到齊、嘻鬧一陣，就算是正式結束光桿生涯。婚結了，心大概也就安了。

　　除了結婚請客之外，其他一起吃飯的時機還很多，過農曆年要吃年夜飯，生小孩、作壽、兒子考上高中、職務晉升、出國送別、接風等等，家裡都可能擺上一桌，邀幾個親戚朋友好好吃上一頓，乾上幾杯，似乎酒酣熱耳中，才識得人生的樂趣。更別說，在物質匱乏的年代，吃上幾口好菜是難得享受，其甜美的滋味非習慣富足的今天所能體會，當年杯觥交錯的光影代表的也是中國人人際倫理的藝術。

八弟出國前的歡送餐會

民國60年代，替家人出國餞行，原照片上附註：八弟赴加拿大前與親屬敘餐。出國是大事一件，必須擺一桌讓全家人送行。這種送行餐會充滿著美言與笑語，經常是說將來娶個洋老婆，生個混血兒。

新郎新娘敬酒

民國50年代，部隊弟兄結婚，娶了美嬌娘，大伙都來敬酒，樂不可支。許多大陸來台官兵到了中年，紛紛娶妻生子，在台灣落戶。

同事小型聚餐

民國50年代，公司同事小型聚餐，煮東西自己來，心情盡量放鬆。

機關裡的大鍋飯

民國60年代，機關聚餐，地點就在單位的大會議室裡，有點大鍋飯的味道。跟單位長官同桌吃飯也有無形的壓力，有些人能逃就逃，逃不了就盡量坐得遠遠的。

軍眷村的戶外喜宴

民國50年代，軍眷村裡的戶外喜宴，部隊兄弟都來了，新郎帶
著新娘向來賓敬酒時笑得開懷。部隊同袍婚宴往往酒喝得最兇，
鬧得最厲害。

每一桌去敬酒

民國60年代初，結婚宴會，新郎新娘到
每一桌敬酒，對於一般夫婦而言，平均
每個月都會接到兩、三張喜帖。

機關新春酒會

民國50年代，機關新春酒會，平日嚴肅
的高級主管此時頻頻交杯。另一方面，
這種酒會非常形式，年輕同事很不喜歡
出席，能免則免。

賓客向主人敬酒

民國50年代，賓客向主人敬酒，通常女士喝黑松汽水，男士喝
紹興酒。台灣喜宴均以紹興酒為主，一般不提供啤酒，因此害怕
碰到暢飲的客人。

餐桌是重要的交際場合

民國50年代，家中餐會，出席的多是單位主管，餐桌是重要的交際場合。

穿著講究的夫婦

民國50年代，家庭餐會，一對穿著講究的夫婦。

眷村的年夜飯

民國50年代，眷村春節年夜飯，一家團圓，其樂融融。

開心的孩子

民國50年代，年夜飯時候，小孩子都
穿起新衣服，準備拿紅包，並且留下
快樂的童年回憶。這豐盛的一餐，媽
媽往往要花了兩、三天的時間準備，
包括計劃、買菜、煮菜，非常勞累。
這一切的辛苦都是為了看見孩子的笑
容。

大型的冰箱

民國50年代，家庭年夜飯，這一家房子較大，有單獨的客廳和大型的冰箱。小孩子也很喜歡這種家庭聚會，因為可以吃到豐盛的菜，還可以跟其他的孩子到房間裡玩。

姐妹淘

民國50年代，到家中作客的姐妹淘，飯後坐在客廳享受水果和茶點。婦女們有自己的興趣和話題，因此經常自己聚聚，即美國人所稱的「母雞會」。

客廳、臥房、餐廳都在一起

民國50年代，春節年夜飯，當年的房子很小，客廳、臥房、餐廳都在同一個地方，雖然擁擠，也顯得人氣旺。此照片所顯示的是當時一般人生活條件的典型，非常具有代表性。

心想事成

民國50年代，家庭餐會，祝大家心想事成。

機場送行的悲與喜

　　台北松山國際機場是台北通往海外主要口岸，在桃園機場取而代之的前30年間，這裡每天都在上演淚別機場的悲喜劇。在清貧的年代，出國是一件大事，光是一張去美國的機票，就代表多年的積蓄加上向親戚朋友東湊西借才買得起的，然而一個人出國代表了全家人的希望，再怎麼辛苦也要想辦法送出去。大體來說，出國有幾種狀況，首先是單位派出國，有的是短期出差，到日本、歐美或美國，有的則是派出去工作幾年。在同事眼中，兩者都是大喜之事，短期出差有如公司付錢到海外旅行，可以飽覽海外風情，還可以買到許多新奇的紀念品，至於派出去工作，則代表了高薪以及讓下一代受洋教育的機會，更是喜上加喜。

　　至於最常見的則是青年學子出國留學，絕大部份都是美國，出去以後一般都會半工半讀，畢業後想辦法在當地工作，辦綠卡，申請美國公民等等；換句話說，留學幾乎與移民劃上等號；儘管如此，能出去的都是官宦之家或家境較好的，一般人還是辦不到的。此外，既然出去就不一定回來，到機場送孩子的父母自然悲喜交加，一方面高興孩子有更好的前途，另一方面則難過要跟孩子分開好一段時日，更擔心他們在國外能否照顧好自己，這些都交織成機場送行的複雜心情。出國就是鍍金的現象源於台灣的收入水平與歐美和日本相差過於懸殊，到了八十年代，兩者的距離迅速拉近後，赴海外無論經濟上或出入境手續上均是小事一樁時，機場送別的激動才成為永遠的歷史畫面。

全家人都來送行

民國50年代，一人出國工作，全家大小都來機場送行，似錦前
程，令所有人同感光榮。早年攜眷出國居住的情況很少，通常都
是男人一個人在外工作三、四年，再想辦法留下來，最後才能考
慮老婆小孩接過來的問題。

獻上花圈

民國50年代，送別的家人獻上花圈，是
機場每天上演的感人的一幕。

同事的送別

民國50年代，被派出國工作的男子接受
同事的送別，穩重的神情中有著一絲春
風得意。出國有著「鍍金」的意味，以
後的稱謂冠上「從國外回來」一句話，
立刻顯著身價不同。

老闆出國

民國50年代，老闆出國，公司主管齊來送行，預祝年年大發。此外，替老闆送行也是中國官場的禮儀之一，無人敢於忽略。

父親到海外出差

民國50年代，父親到海外出差，全家送行，站久了的小妹蹲了下來，仍然滿面喜氣。這樣一趟海外出差時間並不太久，但因出國實在太難得，全家都當大喜事來辦。

機場天天上演的一幕

民國60年代，海外出差，幾名較好的同事來機場送行，松山機場時時刻刻都可見這一類的合影。此時的松山機場已由原來簡易的木製建築改建為水泥大樓，更顯氣派。

媽媽抱孩子去跟爸爸會合

民國60年代，媽媽抱著孩子到海外與
爸爸會合，來送行的都是母姐之輩，
也是機場送別的另一種典型。

送寶貝兒子出國留學

民國50年代，送寶貝兒子出國留學，既高興又萬分不捨。這段
時期送小孩出去的人，都有相當經濟條件，即使孩子暑期可以
打工，父母還是要支付昂貴的飛機票以及第一學期的學費和生活
費。

說不盡的親子離愁

民國50年代，準備辦出境手續的前一刻，有說不盡的親子離愁。這批放洋的菁英20年後多頗有事業的成就，有些人後來回到台灣創業，帶回美國的技術和產業關係，成為成功的企業家。

出境口的惜別

民國50年代，送女兒出國的母親，內心比父親還要不捨。

希望在海外開創美好的人生

民國50年代，送兒子出國讀書的父親，希望在海外開創美好的人生，也有不少人在國外安家立業，從此與台灣沒有什麼關係，父母則在台灣終老。

那時出國大部份都不回來

民國50年代，全家送小女出國，希望以後要多寫信回家。這個年代出去的男女青年，在美國留下來的占大多數，他們的下一代則融入了美國的社會。80年代以後放洋的年輕人因台美經濟水平日益拉近，回來的變成占大多數。

猜猜看爸爸在哪裡

民國50年代，媽媽和妹妹都來送行，爸爸顯然在拍照，有些夫婦生男不得，結果連續生出一堆女兒。第一個出國的是大姊，在美國開創第一個據點後，後面幾個女兒出去的機率大增。

過去的點點滴滴

民國60年代，父母送女兒出國留學，機場的話別彷彿喚起女兒從小到大成長點點滴滴的景象。培養兒女是父母的心願以及理所當然的付出，但子女從此遠隔重洋，久久才得見一次，不少父母年邁時回顧自己的人生，每思及此事總有一番感慨！

一覽無遺的天際線

民國60年代，松山機場航站大廈頂樓觀看飛機的起降，從這個角度可以將大直側的山區一覽無遺，天際線十分清朗。

一去又遠又久

民國50年代，對著飛機揮別了親友們。通常孩子出國，從一、
兩年前就開始規劃，申請學校、安排經費、辦出國手續等等繁瑣
的手續，等到出國的前一天，父母才真正意識到小孩真的要離開
了，而且一去就是又遠又久。

國父和蔣公銅像前的留影

　　今天很少人注意到，從民國40年（1951）起的三十年間，台灣百姓男女老幼有在銅像前拍照的習慣。這裡的銅像就是中華民國歷史上兩位最重要的偉大人物：國父孫中山先生和先總統蔣中正。國父孫中山領導革命，推翻滿清，創建中華民國，提出三民主義、五權憲法的學說。一生奉獻國家和民族，無怨無悔；至於蔣中正總統則服膺三民主義，領導北伐、抗戰、剿匪等重大戰役，最後建設台灣，以實現光復大陸建設三民主義新中國的最終目標。絕大多數人對兩位領袖的德行和功績深信不疑，他們的銅像遍佈在學校、公園、風景名勝以及城市圓環中間，代表了堅定不移的思想和信心。正是在這種思想和情感的擁抱中，男女學生、老師、社會人士、老先生老太太們，尋找留影的適合地點時，都自然而然地站到國父和蔣公銅像前。

高雄新興國小

民國60年代，高雄市新興國民小學一群老師，在學校蔣公銅像
前合影。蔣公銅像通常放置在學校大門的入口，銅像下雕的是
「民族救星」四個字。大樓上寫著「莊敬自強　端正禮俗」八個
字。

國父銅像前的高中男生

民國60年代，一群高中生在國父銅像前合影。國父面相慈祥，雖是革命家，卻給人溫文儒雅的印象，也是青年人效法的對象。

鵝鑾鼻燈塔邊的蔣公戎裝站姿

民國70年代，一名男士在鵝鑾鼻燈塔邊的蔣公銅像前留影。這是蔣公的戎裝站姿座銅，是根據抗戰時期蔣公擔任國民政府主席時，攝製的相片所塑造的。來鵝鑾鼻的遊客，經常在這座銅像下留影，無形間使得這座銅像成為南台灣的地標。

時代的記錄

民國70年代，鵝鑾鼻燈塔邊的蔣公銅像
與燈塔幾乎並列，這座銅像在民國92年
捐給了桃園慈湖雕塑公園，因此這些老
照片也成了時代的記錄。

小學裡的國父銅像

民國50年代，一所小學裡的國父銅像，
下面寫著「救中國」三個字。這是一所
老式的學校，日據時代的木造教室。
台灣光復後，有關國父孫中山的偉大事
蹟，成為小學生必學的課程。

國父銅像的側邊

民國50年代，一名女學生在國父銅像的側邊留影。通常國父的銅像比較小，放在學校大門口，四邊種了短樹，猶如小公園，許多孩子喜歡在這裡拍照。

偉人庇蔭之下

民國50年代，幾名小學女生在國父銅像前留影。偉人庇蔭之下，洋溢著幸福與快樂。

機關大樓外的國父遺像

民國60年代，一位年長的人士在國父遺像前留影。上面寫著「天下為公」四個字，這是國父孫中山留下的格言，深入人心。不只是學校，許多公家機關的辦公大樓外，也都有國父遺像。

樂不可支的女孩

民國60年代，兩位小女孩在國父銅像前留影，笑的樂不可支。一般而言，國父銅像比蔣公銅像尺寸較小，與民眾的距離感較近，故深得兒童的喜歡。

新蓋的教室

民國60年代，一所國中國父銅像前一對父子合影。教室的建築較新，民國60年代初期，許多中小學進行大規模的教室重建，老的建築都拆掉了，蓋了新的水泥教室，這張照片的教室，是非常典型的民國60年代新蓋的。

中華革命黨時期的造型

民國60年代，一個公園內的國父遺
像，父親帶著兩個孩子在遺像前留
影。在眾多的國父遺像中，這一尊顯
得比較高大。國父穿著大衣，主要是
根據民國初年，國父創立中華革命黨
時，經常出現的穿著造型。

頂天立地的雄姿

民國50年代，兩名男士站在石欄杆上合影，後面是國父銅像。三個人的形象，有如頂天立地的雄姿。

歷久不衰的國父紀念歌

民國60年代，一群高中女生在學園裡的國父銅像前合影。有關紀念國父的歌曲有好幾首，其中戴傳賢作詞，黎錦暉作曲的國父紀念歌，最為人所唱頌。幾乎人人都能朗朗上口，歷久不衰。

復興中華文化的蔣公

民國60年代，一對男女在機關裡的蔣公銅像前留影，銅像座上寫著「中華正統」四個字，主要強調蔣公復興中華文化的努力，以與大陸上共產黨消滅中華文化形成鮮明的對比。

遠處的蔣公

民國50年代，一名媽媽在蔣公銅像前
留影。銅像雖然顯得遙遠模糊，但仍
然是照片背景的標地。

國慶日的興奮情緒

　　國慶日是重要的節日，每年雙十節是中華民國誕生的日子，家家戶戶掛起了青天白日滿地紅的國旗，街道上張燈結綵，到處擠滿人群，洋溢著興奮的心情。事實上，國慶日來臨的兩週前，全國上下都動起來；軍人操練踢正步，準備接受校閱，外交和僑務人員安排各種禮賓活動，迎接大批外賓和歸國華僑，學生們則訓練排活動字幕，或者舉標語字牌，拿透明燈籠，國營事業單位則忙著設計著光彩奪目的光車。

　　等到國慶日當天破曉，街道清空，以便遊行車輛隊伍經過。人群開始擠滿街的兩邊，對著天上飛機灑下的傳單，路面經過的部隊、單位、學生遊行隊伍，驚呼不已。至於夜間花車遊行，更似上海十里洋場的重現，五顏六色的花燈，閃爍在一雙雙欣悅的雙眼中，成為許多人腦海中永遠的記憶。

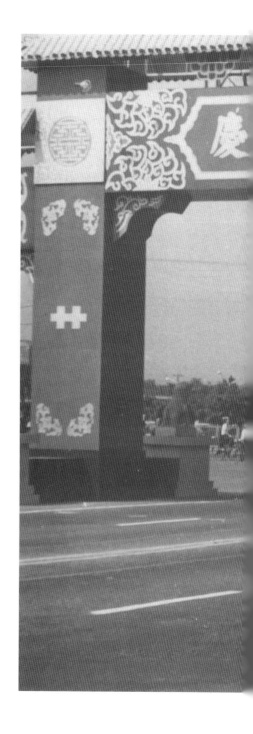

總統府前的喜氣

民國55年，國慶日前幾天，總統府前豎立了各種的慶祝牌坊，
儘管道路車輛稀少，但仍喜氣洋洋，一對母子在總統府前留影，
充份感染了國慶的喜氣。

總統府前的南門

民國55年，一名媽媽在總統府前南門邊留影，國慶日前幾天，台北市大街小巷都豎起慶祝標語，總統府前介壽周圍，更豎立了各種傳統牌坊。整個台北市突然熱鬧起來，往來的路人都受到這股氣氛的影響，興奮不已。

盛大的閱兵儀式

民國50年代，國慶日總統府前的閱兵儀式。這是國慶日當天最重要的活動，不過因為場地空間有限，只有受邀的貴賓才能出席參觀。一般人只能透過廣播電台的現場廣播，想像現場的熱烈氣氛。

強大的工兵部隊

民國50年代，國慶日總統府前的閱兵
儀式，在三軍儀隊經過以後，各軍種
的部隊也陸續登場。照片中經過的是
工兵部隊，在反攻大陸的前線當中，
工兵部隊扮演重要的角色。

館前路華南銀行

民國50年代，台北館前路上華南銀
行，掛起了慶祝國慶日的標語和彩
飾。以總統府為中心周圍的建築，都
做了應有的裝飾，帶動了國慶的熱
潮。

中央日報大樓

民國50年代，忠孝西路上的中央日報大樓，豎立了雙十節普天同慶的標語。台灣光復後的三十年，中央日報維持了第一大報的地位，其言論和報導具有很大的影響。

老建築翻新

民國50年代，台北一處老式建築進行裝修，裝上了各種慶祝國慶的彩飾，顯得煥然一新。國慶日前的一段時間，也是許多老建築翻新的適當時機。

雙喜臨門

民國52年，中華民國慶祝52年國慶，又值達荷美共和國總統及夫人來訪，台北大街上豎起了牌坊，同時表達對這兩件事情的慶祝，猶如雙喜臨門。

台灣銀行翻修

民國52年，總統府附近的台灣銀行進行裝修，以便迎接盛大的國慶。總統府附近的建築皆為日據時代的代表性建築，典雅氣派，光復後，基本上保持了原始面貌。

早期的忠孝東路

民國52年，中華民國慶祝52國慶，
又值達荷美共和國總統及夫人來訪，
忠孝東路上豎起了牌坊。這張照片是
早期的忠孝東路，前方是行政院大
樓，路上行人和車輛都非常稀少，反
映了早年忠孝東路的情景，十分珍
貴。

發揚先烈開國精神

民國52年，中華民國慶祝52國慶，
台北大街上的牌坊寫著「發揚先烈開
國精神　完成復國建國任務」。

台灣大學門口

民國50年代，台灣大學校門口裝飾了慶祝國慶的標語和彩飾。這張照片是由一台三輪車上照下去的，反映早年台灣大學校門口清新的情景，十分珍貴。

南京東路第一大飯店

民國50年代，國慶日當天的台北南京東路，照片中是新蓋不久的第一大飯店，這是台灣當時唯一符合國際觀光水準的大飯店。此時的南京東路猶如空蕩蕩的大街，幾乎空無一人，很難想像二十年後，成為台北的鑽石地帶。

閱讀台灣　8V44

三四五年級的台灣

作　　　者	徐宗懋（180.6）
主　　　編	Meichiao
編　　　輯	蔡明慧
美 術 設 計	果實文化設計工作室

發 行 人	楊榮川
出 版 者	台灣書房出版有限公司
地　　址	台北市和平東路2段339號4樓
電　　話	02－27055066
傳　　真	02－27066100
郵 政 劃 撥	18813891
網　　址	http://www.wunan.com.tw
電 子 郵 件	tcp@wunan.com.tw

總 經 銷	朝日文化事業有限公司
地　　址	新北市中和區橋安街15巷1號7樓
電　　話	02－22497714
傳　　真	02－22498715

顧　　問	元貞聯合法律事務所　張澤平律師

出 版 日 期	2012年 4 月　初版一刷
定　　價	新台幣320元整

國家圖書館出版品預行編目資料

三四五年級的台灣 / 徐宗懋著. -- 初版. --臺北
市：台灣書房, 2012.04
　　　面；　公分(閱讀台灣；8V44)
　　ISBN 978-986-6318-63-4（平裝）
　1.社會生活　2.照片集　3.臺灣
733.4　　　　　　　　　　　　101002550